P/cos e Vales

Picos e Vales

Aproveite os momentos bons e ruins em seu trabalho e em sua vida

Autor do best seller

Spencer Johnson, M.D.

Tradutor
Alexandre Rosas

13ª edição

Rio de Janeiro 2023

CIP-BRASIL. CATALOGAÇÃO-NA-FONTE
SINDICATO NACIONAL DOS EDITORES DE LIVROS, RJ.

J65p
13ª ed.

Johnson, Spencer, 1938-
Picos e vales : aproveite os momentos bons e ruins em seu trabalho e em sua vida / Spencer Johnson ; tradução: Alexandre Rosas. –13ª ed. Rio de Janeiro : Best*Seller*, 2023.

Tradução de: Peaks and valleys
ISBN 978-85-7684-387-0

1. Sucesso nos negócios. 2. Sucesso. I. Rosas, Alexandre II. Título.

09-2597

CDD: 650.1
CDU: 65.011.4

Texto revisado segundo o novo Acordo Ortográfico da Língua Portuguesa.

Título original norte-americano
PEAKS AND VALLEYS
Copyright © 2009 by Spencer Johnson, M. D.
Copyright da tradução © 2009 by Editora Best Seller Ltda.

Publicado originalmente pela Atria Books,
uma divisão da Simon & Schuster Inc.

Capa: Studio Creamcrackers
Diagramação: ô de casa

Todos os direitos reservados. Proibida a reprodução,
no todo ou em parte, sem autorização prévia por escrito da editora,
sejam quais forem os meios empregados.

Direitos exclusivos de publicação em língua portuguesa para o Brasil
adquiridos pela
Editora Best Seller Ltda.
Rua Argentina, 171, parte, São Cristóvão
Rio de Janeiro, RJ – 20921-380
que se reserva a propriedade literária desta tradução

Impresso no Brasil

ISBN 978-85-7684-387-0

PEDIDOS PELO REEMBOLSO POSTAL
Caixa Postal 23.052
Rio de Janeiro, RJ – 20922-970

*A verdadeira viagem plena de descobertas
não consiste em ver novas paisagens, mas
em ter um olhar sempre renovado.*

— Proust

*A essência do conhecimento é, ao tê-lo,
aplicá-lo.*

— Confúcio

Sumário

Antes da história...9

A história dos picos e vales

Capítulo 1: O desânimo no vale 15

Capítulo 2: Algumas respostas........................19

Capítulo 3: Esquecimento 43

Capítulo 4: Descanso.......................................51

Capítulo 5: Aprendizado 55

Capítulo 6: Descobertas...................................73

Capítulo 7: Partilhando 91

Capítulo 8: Picos e vales na prática...................97

    Como usar seus picos e vales no trabalho

    e na vida pessoal 110

Capítulo 9: Aproveitando um pico 111

Depois da história...115

Sobre o autor 123

Antes da história

Era o início de uma noite chuvosa em Nova York e Michael Brown apressava-se para encontrar alguém que, segundo um amigo, poderia ajudá-lo a enfrentar uma dificuldade que estava atravessando. Quando entrou no pequeno café, não fazia ideia de como as próximas horas seriam preciosas.

Quando viu Ann Carr, ficou surpreso. Tinha ouvido falar que ela também passara por momentos muito complicados e imaginou que perceberia sinais disso. No entanto, ela parecia animada e cheia de vitalidade.

Depois de um bate-papo que quebrou o gelo, ele disse:

— Você parece estar muito bem, apesar das dificuldades que, pelo que fiquei sabendo, andou passando.

Ela respondeu:

— Estou muito bem, no trabalho e na vida pessoal. Mas não posso dizer *apesar* das dificuldades que passei. Foi *por causa* delas... e o fato de ter aprendido a tirar proveito da situação.

Michael não entendeu.

— Como assim? – perguntou.

— Bem, por exemplo, no trabalho, achei que nosso departamento estava indo muito bem, mas, de fato, não estava. Vínhamos apresentando ótimos resultados e nos sentíamos orgulhosos disso. Quando nos demos conta, outras empresas estavam se saindo muito melhor que nós. Meu chefe ficou muito desapontado comigo. Foi aí que comecei a me sentir mal e a pressão para melhorar rapidamente teve início. Cada dia era mais estressante que o anterior.

Michael, então, perguntou:

– E o que aconteceu?

– Ouvi uma história no ano passado de uma pessoa no trabalho que eu respeito. Ela mudou o modo como vejo os bons momentos e os ruins, e o que faço hoje é muito diferente. A história me ajudou a ser mais calma e a obter mais sucesso, quer as coisas estejam indo bem ou não, mesmo em minha vida pessoal. Nunca vou esquecê-la!

– E como era a história? – perguntou.

Ann ficou em silêncio por um momento, então disse:

– Tudo bem se eu perguntar por que você quer conhecê-la?

Michael admitiu, não sem alguma relutância, que não estava se sentindo seguro no emprego e que as coisas não estavam andando muito bem para ele em casa.

Não queria dizer mais nada. Ela percebeu o constrangimento do colega e disse:

– Parece que você precisa ouvir a história tanto quanto eu precisei.

Ann disse que contaria a história a Michael com a condição de que ele a compartilhasse com outras pessoas caso a considerasse útil. Ele concordou, e Ann preparou o amigo para o que estava prestes a ouvir.

— Descobri que se você quiser usar essa história para enfrentar os altos e baixos da vida ela o ajudará se você a escutar com o coração e a mente e completá-la com a própria experiência para ver o que vale para você – disse. – Os insights nela contidos são repetidos com frequência, embora isso aconteça com pequenas diferenças.

— Por que a repetição? – Michael indagou.

— Bem, para mim, ficou mais fácil assim, para me lembrar deles. E ao lembrar dos insights pude aplicá-los com mais frequência – Ann explicou. E reconheceu: – Eu não mudo fácil. Por isso, preciso ouvir as coisas várias vezes para que, em algum momento, elas superem meu crivo crítico e minhas desconfianças, tornem-se familiares e cheguem ao coração. Nesse momento, elas são parte de mim.

— Foi o que aconteceu depois que pensei bastante a respeito dessa história. Mas você pode descobrir por si mesmo, se quiser – acrescentou.

— Você acha mesmo que uma história pode fazer tanta diferença assim? – Michael perguntou. – Estou numa situação bastante complicada neste momento.

— Nesse caso, o que você tem a perder? Só posso lhe dizer que quando apliquei o que entendi da história, fez uma grande diferença – Ann retrucou. E acrescentou: – Algumas pessoas aproveitam bem pouco dela, enquanto outras aproveitam muito! Não é a história; é o que você retira dela que é tão poderoso. E isso depende de você, é claro.

– Ok. Acho que vou gostar bastante de ouvi-la – Michael concordou com a cabeça.

Assim, Ann começou a contar a fábula durante o jantar, e prosseguiu sua narrativa ao longo da sobremesa e do café.

Começava assim:

*A história dos
picos e vales*

1

O desânimo no vale

Certa vez, havia um jovem muito inteligente que vivia infeliz num vale, até que saiu de lá e conheceu um velho que vivia num pico.

Quando mais novo, tinha vivido feliz no vale, brincando nos descampados e nadando no rio perto de casa.

O vale era tudo que ele conhecia, e tudo levava a crer que passaria a vida inteira nele.

Alguns dias nesse vale eram nublados, outros, ensolarados, mas sua rotina era tão repetitiva que ele a considerava reconfortante.

Porém, quando ficou um pouco mais velho, começou a perceber que havia mais coisas erradas do que corretas. Ficou pensando por que não havia notado antes a quantidade de coisas que estavam erradas no vale.

Com o passar do tempo, esse jovem foi se sentindo cada vez mais insatisfeito, embora não soubesse exatamente por quê.

Tentou trabalhar em vários empregos no vale, mas nenhum correspondia à sua expectativa.

Num desses empregos, seu chefe se limitava a criticá-lo pelo que fazia de errado, e nunca notava nada do que fazia corretamente.

Em outro, era apenas mais um na multidão de empregados, e parecia que ninguém se importava se estava se esforçando ou mesmo se estava trabalhando. Era como se sua contribuição fosse invisível, inclusive para ele mesmo.

Certa vez, achou que finalmente tinha encontrado o que procurava. Sentiu-se reconhecido e estimulado, trabalhava com colegas competentes e orgulhava-se do produto da empresa. Promoção atrás de promoção, chegou a se tornar gerente de um pequeno departamento.

Infelizmente, sentia que esse emprego não era seguro.

Sua vida pessoal não estava em situação melhor. Uma decepção parecia se seguir a outra.

Achava que seus amigos não o compreendiam, e sua família lhe dizia: "É apenas uma fase."

O jovem se perguntava se não estaria melhor vivendo em outro lugar.

Às vezes, ia para o campo e erguia os olhos na direção da majestosa cordilheira de picos que dominava o vale.

Imaginava como seria estar sobre o pico mais próximo.

Por alguns instantes, sentia-se melhor.

Porém, quanto mais comparava o pico com o vale, pior se sentia.

Comentou com seus pais e amigos sobre ir até lá. Mas todos só sabiam falar como era difícil chegar ao pico e como era mais confortável ficar no vale.

Todos o desencorajavam a ir até lá, aonde eles próprios nunca tinham ido.

O jovem amava seus pais e sabia que havia alguma verdade no que estavam dizendo. Mas também sabia que ele era diferente de seu pai e de sua mãe.

Às vezes, sentia que deveria haver um modo de vida diferente fora do vale, e queria descobrir isso por si mesmo. Talvez, no pico, pudesse ter uma visão melhor do mundo.

Mas, então, a dúvida e o medo voltavam a se instalar, e ele imaginava que iria ficar mesmo onde estava.

Durante muito tempo o jovem não conseguiu fazer nada para sair.

Até que um dia lembrou-se de quando era bem jovem e se deu conta de quanta coisa havia mudado desde então. Já não estava mais em paz consigo mesmo.

Não estava certo de por que havia mudado de ideia, mas, de repente, decidiu que tinha de ir visitar o cume da montanha.

Pôs o medo de lado e se preparou para partir o mais rápido possível. Então, iniciou a caminhada rumo ao pico mais próximo.

Não foi um avanço fácil. Levou bem mais tempo do que havia imaginado para chegar a um ponto ainda bastante abaixo da metade do caminho.

Mas, à medida que subia, a brisa suave e o ar puro o revitalizavam. Quanto mais alto, menor o vale parecia.

Quando estava lá embaixo, o ar parecia perfeitamente limpo. Mas quando viu o vale dali de cima, percebeu claramente o ar carregado, de cor escura, que parecia estagnado.

Voltou-se novamente para a frente e continuou a subida. Quanto mais alto ia, mais conseguia ver.

De repente, a trilha que estava seguindo terminou.

Sem trilha, sentiu-se perdido em meio às enormes árvores que bloqueavam a luz. Teve medo de não encontrar a saída.

Assim, decidiu atravessar uma passagem perigosamente estreita. Mas escorregou e caiu. Machucado e sangrando, levantou-se e continuou.

Depois de algum tempo, conseguiu encontrar um novo caminho.

As advertências das pessoas do vale lhe voltaram à mente. Mas tomou coragem e continuou subindo.

Quanto mais alto ia, mais feliz ficava, sabendo que estava se afastando do vale e superando seus medos.

Estava a caminho de um lugar diferente.

Quando já se encontrava acima das nuvens, percebeu que estava um dia lindo e pensou como seria contemplar o pôr do sol do topo. Mal podia esperar para vê-lo de lá.

2

Algumas respostas

Apesar da ansiedade do jovem, ele não conseguiu chegar ao pico antes do cair da noite. Sentou-se e lamentou:

– Ah, não! Perdi!

Uma voz próxima perguntou, da escuridão:

– Perdeu o quê?

Assustado, o jovem se virou e viu um velho sentado num enorme rochedo a poucos metros dali.

– Desculpe, não o tinha visto. Perdi o pôr do sol visto do pico. Parece que essa é a história da minha vida – o jovem balbuciou.

– Eu sei como é isso – o velho riu.

Naquele momento, o jovem não tinha como saber que havia acabado de conhecer uma das pessoas mais tranquilas e vitoriosas do mundo, embora parecesse ser apenas um velhinho simpático.

Depois de algum tempo, o velho disse:

– Então, o que está achando da vista agora?

– Que vista? – o jovem retrucou. Tentou enxergar algo na escuridão, mas não viu nada. Estava começando a desconfiar de seu novo amigo.

O velho se reclinou e passou a contemplar o céu.

O jovem, ao ver isso, também olhou para o céu e viu uma faixa de estrelas cintilando acima de sua cabeça. Nunca, no vale, tinha visto as estrelas com tanta clareza.

— Belíssimo, não? — o velho perguntou.

— Sim! — o jovem respondeu, impressionado. Olhando as estrelas, conseguiu relaxar por um momento. — Elas estavam aí o tempo todo, não é?

— Bem, sim. E não — disse o velho. — Sim, estavam aí o tempo todo. Você só precisava mudar o foco da sua atenção. — Então, acrescentou: — E não. Não de fato. Os cientistas dizem que a maior parte da luz que estamos vendo agora foi enviada há milhões de anos por estrelas que já não existem mais.

— É difícil saber o que é real e o que não é — disse o jovem, balançando a cabeça.

O velho não disse nada. Limitou-se a sorrir.

Quando o jovem perguntou por que ele estava sorrindo, o velho respondeu:

— Eu estava pensando em quantas vezes senti a mesma coisa quando tinha sua idade. Quantas vezes tentei distinguir a realidade da fantasia.

Durante algum tempo ficaram ali sentados, em silêncio, extasiados diante do espetáculo feérico que acontecia acima de sua cabeça.

Então, o velho perguntou:

— Por que você veio para o pico?

– Não estou bem certo – o jovem admitiu. – Acho que estou procurando alguma coisa.

E começou a contar ao velho como estava insatisfeito vivendo no vale, e que sentia que devia existir outra forma de viver.

Contou sobre os empregos que tivera, os relacionamentos que não tinham dado certo e a sensação de que não estava fazendo jus a seu potencial.

Ficou surpreso quando se viu revelando tantos fatos a um completo desconhecido.

O velho ouviu atentamente. Depois que o jovem terminou, disse:

– Eu também me lembro de ter perdido a esperança muitas vezes. Ainda me lembro de quando fui demitido de meu primeiro emprego. Foi horrível. Por mais que tentasse, não conseguia encontrar trabalho.

– E o que fez? – o jovem retrucou.

– Bem, durante muito tempo limitei-me a ficar com raiva e deprimido. A situação não estava indo nada bem para mim. Mas, então, um excelente amigo, alguém que nunca vou esquecer, me disse algo que mudou tudo.

– E o que ele disse? – o jovem perguntou.

– Algo que chamou de *perspectiva dos picos e vales como momentos bons e ruins*. Ele disse: "Quanto mais você adota essa perspectiva dos picos e vales em seu trabalho e na vida pessoal, mais tranquilidade e sucesso obtém."

E o velho acrescentou:

– Fiquei bastante cético no início, mas acabou que era tudo verdade. E fez uma brutal diferença em minha carreira e em minha vida.

– Como? – o jovem quis saber.

– Mudou o modo como eu encarava os altos e baixos da vida. E graças a isso mudei o que eu fazia.

– Como assim? – o jovem perguntou.

– Meu amigo me ajudou a descobrir três coisas: como sair de um vale mais rápido; como permanecer num pico por mais tempo; e como ter mais picos e menos vales no futuro.

O jovem pensou se aquilo não era bom demais para ser verdade. Mas estava ali para procurar respostas e era curioso, por isso perguntou:

– Você vai me contar como isso pode ser?

– Vou, sob a condição de que, se você achar útil, conte também a outras pessoas – o velho respondeu.

– Por que contar para outras pessoas? – o jovem quis saber.

– Existem dois motivos: primeiro, para ajudá-las; segundo, para ajudar a si mesmo – o velho explicou. – Quando as pessoas à sua volta sabem como fazer os momentos bons e ruins se reverterem em benefício de si mesmas, elas se preocupam menos e vivem melhor. E isso faz com que trabalhar e conviver com elas seja mais prazeroso para você.

O jovem disse que se funcionasse ele iria, sim, compartilhar com outras pessoas.

Então, o velho começou:

– Pode ser interessante começar com isto:

É natural que todo mundo em toda parte tenha picos e vales no trabalho e na vida pessoal.

O jovem ficou decepcionado. Não era essa a resposta que ele estava esperando.

– O que, exatamente, você quer dizer com "picos e vales"? – perguntou.

– Eu quero dizer picos e vales *pessoais*, os altos e baixos que você experimenta no trabalho e na vida pessoal.

"Esses momentos bons e ruins são tão naturais quanto os picos e vales geográficos que vemos na superfície do planeta. Os dois tipos de altos e baixos estão espalhados por toda parte e encontram-se interligados de modo semelhante.

"Você pode se sentir bem numa área de seu trabalho ou de sua vida, e mal em outra. Isso é natural. Acontece com todas as pessoas no mundo, em toda cultura. É parte da condição humana."

O jovem suspirou e disse:

– Então eu não sou o único.

– Nem perto disso! Apesar de algumas vezes parecer que é. – O velho riu. E acrescentou: – Evidentemente, os momentos bons e ruins pelos quais cada um de nós passa variam bastante, porque não existem duas pessoas que tenham exatamente a mesma experiência, mesmo quando as situações são parecidas. Você pode entender isso da seguinte forma:

*Os picos e vales não
são apenas os
momentos bons e
ruins que acontecem
com você.*

*São também o modo
como você se sente
internamente e
como reage aos
acontecimentos
externos.*

– O modo como você se sente depende em grande parte de como você encara a situação. O segredo é separar o que acontece a você do valor e das qualidades que sente que possui como pessoa. – O velho continuou: – Descobri que podemos nos sentir bem mesmo quando coisas ruins estão acontecendo a...

Mas o jovem o interrompeu:

– Então você está dizendo que quando as coisas lá embaixo no vale não estavam dando certo para mim de algum modo eu devia estar me sentindo feliz? Detesto discordar do senhor, mas não era assim. *Nada* estava dando certo para mim lá embaixo! Para você, é fácil dizer isso tudo, sentado aqui em cima em seu pico. Sua vida aqui em cima não tem nada a ver com a minha vida lá embaixo no vale! É um mundo completamente diferente daquele de onde eu vim.

O velho não se sentiu ofendido com o desabafo do jovem. Limitou-se a permanecer em silêncio.

Depois de algum tempo, o jovem se acalmou. Ficou sem graça e disse:

– Desculpe. Eu sabia que estava desanimado, mas acho que também estou um pouco irritado, mais do que imaginava.

– Eu entendo – o velho concordou com a cabeça. – Quer dizer que você acha que minha vida aqui em cima não tem ligação alguma com sua vida lá embaixo no vale. Permita-me perguntar-lhe uma coisa: Você notou uma falha durante sua subida até aqui – um enorme buraco no chão separando seu vale deste pico?

– Não, não notei – respondeu o jovem. – Onde fica?

O velho não disse nada.

O jovem ficou pensando e então deu uma risada:

– É porque não existe, não é?

– Muito bem – observou o velho.

– Porque picos e vales estão ligados – o jovem completou.

– Você é bastante observador – o velho disse com um sorriso.

– Quem é capaz de dizer onde termina a parte mais alta do vale e onde começa a parte mais baixa do pico?

– O segredo não é só entender que tanto os picos e os vales físicos quanto os picos e os vales pessoais estão ligados, mas também compreender *de que modo* estão ligados.

Em seguida, ampliou o que tinha dito antes:

*Picos e vales estão
ligados.*

*Os erros que você
comete durante os
bons momentos hoje
geram os maus
momentos de amanhã.*

*E as coisas sábias que
você faz durante os
momentos ruins hoje
geram os bons
momentos de amanhã.*

– Por exemplo, as pessoas que usam a perspectiva dos picos e vales durante os momentos ruins fazem as coisas melhorarem quando voltam a se concentrar no que é básico e se dedicam ao que importa mais.

– ... que é o que gera bons momentos para elas mais tarde! – O jovem acrescentou.

– Sim – retrucou o velho. – Mas acontece que muitas pessoas deixam de administrar seus bons momentos e não notam que estão gerando os próprios momentos ruins futuros. Consomem recursos demais, afastam-se do básico e ignoram o que mais importa. Adivinhe o que acontece.

– Momentos ruins novamente!

O jovem teve de admitir que fazia sentido.

– Então, na verdade, nós *criamos* nossos próprios momentos bons e ruins, muito mais do que nos damos conta.

– Exatamente! – o velho exclamou. Seus olhos brilharam ao notar que o jovem estava começando a fazer as próprias descobertas. – Talvez isso já seja material de reflexão suficiente para uma noite – o velho acrescentou. – Se quiser, podemos conversar amanhã.

– Eu gostaria muito.

Então, o velho o cumprimentou e deixou o jovem montando sua barraca para passar a noite.

Mais tarde o jovem adormeceu pensando em como seus picos e vales pessoais poderiam estar ligados.

Na manhã seguinte, bem cedo, o velho chegou com uma garrafa térmica para tomarem café juntos.

Diante da claridade da manhã, o jovem pôde notar como os olhos do velho eram límpidos, e disse:

– Você parece feliz. Isso é porque está sempre aqui neste pico?

– Não, não é por isso que estou feliz. E eu não fico aqui sempre. Tenho de visitar o vale para conseguir mantimentos e outras coisas de que preciso para viver.

O jovem ainda estava sonolento e não havia compreendido por completo o que o velho estava dizendo:

– Eu acho que poderia ser feliz aqui em cima para sempre – observou.

– Mas não pode – disse o velho. – Ninguém pode ficar num lugar para sempre. Mesmo que permaneça fisicamente num lugar, sempre estará entrando e saindo dos lugares no seu coração.

– Disso eu não sei – o jovem retrucou. – Só sei que estou adorando estar aqui neste pico, com todo esse ar puro e saudável. – E acrescentou: – Mas como posso ter prazer quando estou no vale?

– Na verdade – advertiu o velho –, seu modo de desfrutar o vale tem muito a ver com o tempo que fica nele. Uma forma interessante de pensar nos picos e vales é a seguinte:

*Picos são os
momentos em que
você valoriza o que
tem.*

*Vales são os
momentos em que
você sente falta do
que não tem.*

– Interessante – o jovem comentou. – Mas, a mim, parece que um pico é um pico, independentemente do que eu penso sobre ele, e um vale é um vale. O que meus pensamentos têm a ver com isso?

– Você se lembra da primeira coisa que disse quando chegou a este pico? – o velho perguntou.

O jovem se esforçou, mas não se lembrava.

– Você disse: "Perdi." Concentrou-se no fato de ter perdido o pôr do sol e não enxergou as estrelas. Sequer comemorou o fato de ter chegado ao topo.

"Como você acha que se sentiria se, ao chegar aqui, tivesse erguido os braços e gritado: 'Consegui!'?"

O jovem soltou um suspiro:

– Ou seja, transformei meu pico pessoal num vale. Eu tinha conseguido chegar ao lugar com o qual sonhei durante anos mas continuava sentindo que havia fracassado.

– Sim. Está vendo? Naquele momento, você criou um vale em sua cabeça – o velho observou. E perguntou: – Como alguém pode ganhar uma medalha de prata por desempenho extraordinário e se sentir infeliz?

O jovem pensou a respeito e disse:

– Comparando-se com quem ganhou a medalha de ouro. Então, deu-se conta: – Ou seja, se quisermos ter menos vales, temos de evitar comparações. Se aproveitarmos o que existe de bom naquele momento, a sensação será mais próxima de estar num pico.

– Sim! – o velho disse –, inclusive nos momentos ruins.

"E se, em vez disso, você se desse conta do seguinte:"

*Não podemos
controlar sempre os
acontecimentos
externos,
mas podemos
controlar nossos
picos e vales pessoais
com o que
acreditamos e com
o que fazemos.*

O jovem fez uma careta.

– Não sei se entendi muito bem. Como eu faria isso? Você disse que seria útil no trabalho e na vida pessoal.

– Sim, eu disse. Para transformar um vale num pico, você precisa mudar qualquer uma dessas duas coisas: ou o que está acontecendo ou o modo como você se *sente* sobre o que está acontecendo.

"Se você pode mudar a situação, ótimo. Caso contrário, pode tomar a decisão de mudar o que sente a respeito para que a situação seja revertida em seu benefício."

– Como? – o jovem perguntou.

– Por exemplo, imagine que você é o único apoio financeiro de sua família e tem o que pode ser considerado um emprego seguro e que paga bem. Sem aviso, fica sabendo que está demitido, e não vê chance imediata de novo emprego. Como se sente?

– Assustado. Aturdido. Com raiva.

– Compreensível. É assim que a maioria das pessoas se sentiria. Mas e se você visse que deixar esse emprego, mesmo sem gostar da demissão, foi uma das melhores coisas que já lhe aconteceram? E se você se desse conta mais tarde de que esse emprego pode não ter sido o mais adequado para você, e, embora jamais tivesse escolhido sair naquele momento, talvez fosse algo que deveria ter feito há muito tempo? E se decidir acreditar que ter sido demitido poderia levar a algo melhor?

– Mas pode levar a algo pior – o jovem observou.

– É verdade. Ninguém sabe o que vai acontecer. – O velho riu. – Porém, a verdade é que escolher acreditar em algo melhor normalmente leva a pessoa a um resultado muito melhor.

O jovem, ainda cético, perguntou:

– Mas qual é o aspecto prático disso para a pessoa que, neste momento, está sem trabalho? Ela pode se sentir melhor diante da situação, mas continua precisando de um emprego. Não se pode alimentar uma família com meras sensações agradáveis.

– É verdade. Ok, sejamos *bastante* práticos. Se você fosse a pessoa na posição de contratar um novo empregado, quem seria mais provável que contratasse: alguém com aparência abatida, que passasse a entrevista inteira se queixando do modo injusto como foi tratado pelo antigo empregador? – o velho perguntou. – Ou a pessoa que visse o lado positivo na oportunidade negativa e se sentisse preparada para se dedicar a uma nova oportunidade e encontrar algo melhor?

– A pessoa mais positiva, porque é mais provável que alguém assim realize um trabalho melhor – o velho disse. – E é por isso que a pessoa que acredita em coisas melhores normalmente consegue o melhor emprego. Portanto, o que aconteceu com o vale dessa pessoa?

O jovem estava impressionado.

– Transformou-se num pico! Quer dizer, aquilo em que a pessoa *acreditava* e suas ações *fizeram* mesmo diferença. Talvez isso tudo tenha realmente seu lado prático!

– Sim. É bastante prático – disse o velho. – Às vezes, é tão simples quanto o seguinte:

*O caminho para
fora do vale surge
quando você decide
ver as coisas de
outra forma.*

Nessa hora, a temperatura na montanha havia baixado bastante e alguns flocos de neve começaram a cair. O velho perguntou:

– Você está preparado para permanecer no pico?

O jovem admitiu que não possuía roupas quentes.

– Acho que estava tão apressado para sair do vale que não pensei com seriedade no que precisaria para permanecer aqui.

– Isso não é nada incomum. Muitas pessoas não se dão conta do que é preciso para estar *realmente* preparadas para permanecer por mais tempo num pico – o velho observou.

O jovem não entendeu que o velho estava se referindo a administrar os bons momentos.

– Espero que volte a subir – o velho acrescentou. – Gostei da sua visita.

Dizendo isso, apertou a mão do jovem e se despediu.

O jovem ficou chateado por ter de deixar o pico, mas também se sentiu animado com o que havia encontrado lá.

Disse a si mesmo que passaria a ver o trabalho e a vida de modo diferente. Esperava ver cada vale como uma oportunidade para descobrir o bem oculto capaz de melhorar a situação.

Respirou profundamente o ar da montanha e esperou ser capaz de manter essa clareza mental quando estivesse de volta ao vale.

Tentou fixar na mente aquilo de que gostaria de lembrar:

*Podemos
transformar nosso
vale num pico
quando
identificamos e
tiramos proveito do
bem oculto nos
momentos ruins.*

3

Esquecimento

Quando o jovem voltou para seu vale, lembrou-se de como gostava de ficar no campo, e olhando para o pico distante sonhou que encontrava um modo de vida diferente.

Então, sentiu-se eufórico. Havia conseguido chegar ao pico! E, exatamente como desejara, tinha conseguido uma visão privilegiada.

Agora, estava ansioso para voltar ao trabalho com essa nova perspectiva. Imaginava o que seus pais e amigos pensariam quando lhes contasse sobre sua aventura.

Enquanto caminhava para casa, pensava: "A vista aqui do vale é tão mais estreita. Do ponto mais alto do pico, onde estive, é bem mais fácil ter uma visão de conjunto."

Estava muito satisfeito consigo mesmo.

Pensou numa jovem especial de quem gostava muito e imaginou que ela adoraria saber dessa experiência e das ideias novas que havia aprendido por lá.

Quando chegou em casa, contou aos pais o que tinha feito na montanha e o que havia aprendido com o velho que morava lá.

Com sua nova filosofia, disse a eles, iria se transformar em alguém de grande valor no trabalho, e, sem dúvida, em pouco tempo, poderia pedir uma promoção.

Seus pais se entreolharam, achando que aquilo parecia presunçoso, mas não disseram nada.

O jovem, porém, não estava tão seguro quanto aparentava. Ele se perguntava se essa nova perspectiva realmente faria uma diferença tão grande assim. No íntimo, ainda tinha suas dúvidas, mas estava ansioso para experimentar e ver o que acontecia.

Algum tempo depois contou com orgulho a seus amigos o que havia aprendido no pico.

Alguns ficaram fascinados, enquanto outros permaneceram céticos. Parecia tão simples, será que daria certo mesmo? Mas, como quase todo bom amigo, queriam que ele alcançasse sucesso.

Também contou tudo à jovem de quem gostava. Ela achou a história interessante e ficou feliz ao ver como ele estava empolgado. Esperou que esse entusiasmo recém-adquirido durasse.

Quando finalmente voltou a trabalhar, sentia-se feliz.

Os negócios iam bem na empresa. As vendas estavam aumentando e os lucros num patamar recorde.

Até que, um dia, um carregamento muito importante se perdeu e ninguém conseguia encontrá-lo. O cliente mais importante da empresa ficou tão aborrecido que ameaçou cancelar a conta.

Todos no trabalho tentaram freneticamente resolver o problema. Alguns tentaram suprir a falta do material, enquanto outros se concentraram em localizar o carregamento extraviado.

Mas a empresa havia crescido rápido demais e as pessoas já estavam trabalhando no limite. Apesar dos esforços, outros carregamentos foram perdidos. Muitos clientes começaram a cancelar pedidos. O clima no trabalho ficou carregado.

O jovem lembrou o que o velho dissera sobre sair de um vale: *Você pode transformar seu vale num pico quando identifica e tira proveito do bem oculto no mau momento.*

Naquela noite, ficou pensando sobre o assunto.

No dia seguinte, foi a seu chefe comunicar uma ideia. E se eles usassem a crise como uma oportunidade para identificar os pontos fracos do sistema de monitoramento das encomendas e usassem o resultado da pesquisa para criar um sistema melhor e mais confiável para as próximas encomendas?

O chefe gostou da ideia e pediu que o jovem liderasse uma equipe para fazer isso.

Depois de vários dias a equipe encontrou falhas elementares no sistema, o que permitiu que desenvolvessem uma forma muito mais confiável e barata de lidar com as encomendas.

Pediram desculpas aos clientes, que ficaram satisfeitos ao saber que havia um novo sistema de entrega instalado a um custo mais baixo. Vários deles começaram a fazer pedidos novamente – pequenos, no início, mas havia a esperança de que, em pouco tempo, pedidos maiores começassem a ser feitos.

A notícia de que o novo sistema de encomendas havia sido obra da equipe de um jovem brilhante se espalhou. Sua reputação melhorou entre os colegas de trabalho e seu chefe ficou tão satisfeito que lhe deu um aumento.

Não demorou muito e ele procurou o chefe com outra sugestão: por que não investir no crescimento de novos mercados nos quais nunca haviam atuado?

Mas o chefe disse que não. Achava que estavam indo muito bem daquele jeito. E lembrou ao jovem que ele ainda era o gerente mais jovem e que tinha acabado de receber um aumento. Deveria estar satisfeito.

O jovem percebeu que seu chefe, como muitos outros na empresa, estava acomodado com a situação do jeito que estava. Muitas outras coisas começaram a dar errado, tanto dentro quanto fora da empresa, mas ninguém parecia estar notando.

A maioria das pessoas continuou agindo como se eles ainda vivessem nos bons tempos. Com o crescimento dos negócios, as pessoas perderam de vista por que haviam conseguido sucesso.

Muitos departamentos passaram a gastar demais, confiantes de que a empresa estava indo bem.

Problemas maiores começaram a se abater sobre eles. O faturamento desabou, e tiveram de cortar despesas. Pessoas foram demitidas, inclusive alguns amigos do jovem.

Os tempos estavam ficando difíceis.

Pelo menos, o jovem conseguiu manter o emprego, e era admirado por ter ajudado a criar, com sua equipe, um sistema de pedidos e entregas mais eficiente.

Tinha até contado a seus pais, com orgulho, como estava indo bem no trabalho.

Mas não demorou muito e se enredou no próprio sucesso, tornando-se tão seguro que não ouvia mais ninguém, confiando apenas em si mesmo.

Com o passar do tempo, esqueceu-se de usar grande parte do que havia aprendido no pico.

Sem se dar conta, começou a afastar as pessoas à sua volta. Seus colegas de trabalho começaram a evitá-lo e seu chefe começou a criticá-lo.

Aquela confiança que havia conquistado fazia tão pouco tempo começava a se desfazer.

As coisas no trabalho estavam, evidentemente, indo mal, mas ele não conseguia entender por quê.

Quando seus pais tentaram conversar com ele, não quis escutá-los. Apenas defendeu a própria atitude, o que só piorou a situação. Algum tempo depois, o jovem voltou a se ver num vale ainda mais profundo.

Então, lembrou-se de um dos conselhos que o velho tinha dado antes de seu retorno ao vale:

Entre cada pico sempre há vales.

O modo como administra cada vale determina o tempo que levará para atingir o próximo pico.

Ele se perguntou: "Como, exatamente, devo administrar meu vale?" Se o velho tinha falado a esse respeito, não se lembrava o que havia sido dito.

Foi procurar os amigos, mas não encontrou nenhum por perto. Não tinha se dado conta, é claro, mas os amigos o estavam evitando.

Fazia já um bom tempo que não tinha notícias da jovem, e perguntou-se por quê. "Ela deve estar ocupada", pensou.

Em pouco tempo estava se sentindo mais solitário do que antes de ter ido para o pico.

Lembrou a si mesmo que era natural ter picos e vales.

Tentou encontrar o caminho para fora desse vale decidindo-se a ver a situação de forma diferente.

Tentou identificar o bem oculto naquela situação e ver como poderia aproveitar isso em seu benefício.

Mas nada o fazia se sentir melhor.

Inicialmente, a perspectiva dos picos e vales tinha lhe ajudado a alcançar mais sucesso. Mas, agora, não estava funcionando, e ele não entendia por quê.

Voltou para o campo e olhou para a montanha que dominava a paisagem.

A perspectiva dos picos e vales tinha parecido boa quando o velho a explicara. Mas agora, no mundo real, estava começando a parecer que não passava de um conto de fadas bom demais para durar muito tempo.

Talvez seus amigos estivessem certos.

Ele procurou um lugar para pensar e descansou durante algum tempo à beira de um lago tranquilo. Ao olhar para a água, viu o próprio reflexo. E não gostou do que viu.

Sabia que estava ficando amargo e não estava em paz consigo mesmo. Então, lembrou-se de outra coisa que o velho tinha dito:

Se você não aprender enquanto estiver num vale, pode se tornar uma pessoa amarga. Mas se aprender algo de valor, poderá se tornar alguém melhor.

Ora, se isso era verdade, o que é que ele tinha de aprender?

Após muitas semanas, o jovem ficou cansado de tentar entender aquilo tudo.

Alguns de seus amigos sugeriram que se juntasse a eles no platô, onde gostavam de ir para "passar o tempo", conforme diziam.

Ele nunca havia estado no platô, mas, pelo que tinha ouvido falar, não era difícil chegar lá. Com certeza, não ficava tão distante quanto o pico.

E passar algum tempo no platô tinha de ser melhor do que ficar se sentindo deprimido no vale.

Desse modo, tomou o caminho do platô.

4

Descanso

O jovem ficou surpreso ao ver como o platô era um lugar desolado. Não havia árvores e era plano, até onde a vista alcançava.

O clima não era nem quente como no vale nem fresco como no pico. O céu nublado bloqueava o sol. Era quase como se não houvesse um clima definido.

Aqui e ali, via outras pessoas ao longe, mas procurava evitá-las. Queria ficar sozinho.

No início, sentia-se aliviado por se sentir pequeno ou um quase nada. Estava feliz por ter ido até o platô.

Em pouco tempo começou a se recuperar do estresse de todos os altos e baixos que vinha experimentando. Gostou de simplesmente estar ali. Era relaxante.

Mais tarde ficou feliz ao encontrar seus amigos, mas eles não pareceram muito entusiasmados ao vê-lo.

Os olhos deles estavam ausentes e sem vida, como o ambiente em volta. Ninguém parecia interessado no que estava acontecendo. Não pareciam saudáveis nem animados, mesmo ao ar livre.

O jovem olhou para seus amigos e se perguntou se estava começando a ficar parecido com aquilo. Estava com medo de a resposta ser positiva.

Sentiu-se entediado e inquieto. Assim que chegou ao platô sentiu-se revigorado ao permitir-se esse tempo para se afastar de tudo.

Agora, parecia que tudo era pretexto para drenar sua energia. Não se sentia mais cheio de entusiasmo, como se sentira quando estivera no pico.

Quando estava no vale, tinha parecido uma boa ideia ir para o platô.

Mas, agora, ele se perguntava por que ainda estava ali. O platô, pensou, representava um período neutro, quando não se sentia nem bem nem mal.

Desse modo, o que esse platô representava para ele? Estaria apenas descansando, tirando uma folga merecida? Ou estaria fugindo? E, se estivesse, fugindo de quê?

E quanto a seus amigos? Só estavam tentando fugir da realidade entorpecendo os sentidos?

Depois de algum tempo, despediu-se dos outros e partiu sozinho.

O jovem mal conseguia ver o pico de onde estava. Olhou para o alto e pensou no que o velho poderia estar fazendo naquele momento.

Lembrava-se de ter olhado para o rosto do velho e de ter visto como seus olhos eram claros e brilhantes. Uma parte dele desejou estar lá em cima.

O brilho que havia encontrado no pico era, sem dúvida, diferente do entorpecimento que tinha encontrado no platô.

Então, voltou a olhar para o pico e sentiu a mesma ansiedade que havia experimentado tantas vezes antes.

Queria algo melhor.

Mas não sabia se estava disposto a escalar o pico novamente. Poderia ficar mais uma vez desapontado quando tivesse de voltar para o vale.

Naquela noite, dormiu mal e se perguntou se deveria se dar ao trabalho de tentar.

Mas acordou na manhã seguinte pensando no pico.

Quanto mais pensava nele, mais queria se encontrar com o velho e perguntar a ele por que a perspectiva dos picos e vales só tinha funcionado durante um curto período.

Depois de algum tempo, abandonou o platô e voltou para seu vale. Nos dias que se seguiram, fez planos para retornar ao pico.

Dessa vez, esperava estar mais bem preparado para o que o aguardava por lá.

5

Aprendizado

A jornada de volta até a montanha foi difícil, e o jovem estava esgotado quando finalmente chegou ao pico. Mesmo assim, chegou a tempo de aproveitar o belíssimo pôr do sol.

Dessa vez, foi convidado para a casa da montanha do velho. Ficou surpreso com o tamanho e a qualidade do acabamento.

Então, os dois saíram e se sentaram num enorme deque com vista para um lago exuberante.

– Não consigo exprimir como estou feliz por estar de volta ao pico – o jovem disse.

O velho estava feliz em vê-lo, mas viu que ele estava preocupado e perguntou por quê.

– Quando voltei para meu vale, tentei aplicar o que você me ensinou, como, por exemplo, identificar o bem que estava oculto no momento ruim. Deu certo no início, mas a situação se agravou – disse o jovem. – Fiquei desanimado e fui passar um tempo no platô, mas isso não deu muito certo.

– Foi uma experiência saudável ou prejudicial para você? – o velho perguntou.

— Não entendi — o jovem retrucou.
— Você já viu algo parecido com isto? — o velho perguntou, fazendo o seguinte desenho:

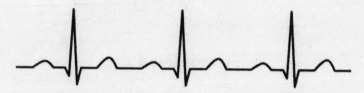

— Isso parece aquela linha que representa os batimentos cardíacos — o jovem respondeu.
— O que os altos e baixos lembram?
— Picos e vales!
— Isso. E o que isso pode significar?
Dessa vez, desenhou uma linha reta:

_____

— Acho que significa que não há batimento cardíaco algum — o jovem respondeu.
— Exato. Um problema! Assim como os batimentos cardíacos saudáveis, os picos e vales pessoais são parte essencial de uma vida normal, saudável. Os platôs também, se forem períodos de descanso saudável quando você faz um exame do que está acontecendo e faz uma pausa para pensar sobre o que fará em seguida. Embora não seja saudável tentar fugir da realidade, pode ser bastante saudável ficar relaxando, descansando, confiante de que a situação irá melhorar. Porque, depois de uma boa

noite de sono, ou alguns dias de folga, é o que normalmente acontece.

Dessa vez, o jovem tinha vindo preparado com um pequeno caderno para anotar o que ia descobrindo em sua estada no pico. E anotou:

*O platô pode ser um
período para você
descansar, refletir e
se renovar.*

– O tempo que passei no platô pode não ter sido saudável no início, mas no final foi bom para mim – disse o jovem. – Quando fui para lá, achei que tinha jogado a toalha. Mas, depois, voltei para o vale mais descansado e com mais vontade ainda de retornar aqui para o pico.

– Mesmo assim – acrescentou –, como pode ser saudável ter altos e baixos? Como isso pode ser tranquilo? Todos esses altos e baixos não nos deixam ansiosos e estressados?

– Só se você subir e descer com eles. Quando você *verdadeiramente* aprende a administrar seus momentos bons e ruins, aprende a manter um equilíbrio saudável – explicou o velho.

– Mas como? – o jovem perguntou.

– Para início de conversa, você fica mais em paz quando se dá conta de que você não é seus picos, seus "bons" momentos, e que você não é seus vales, seus momentos "ruins". Assim, não se sente mais como se estivesse numa montanha-russa.

O jovem pensou a respeito enquanto os dois contemplavam o pôr do sol em silêncio.

Então, o velho perguntou:

– O que aconteceu quando você voltou para seu vale?

– A perspectiva dos picos e vales parecia estar dando certo. Consegui alguns êxitos de verdade no trabalho. Mas, então, as coisas começaram a dar errado, e eu não faço ideia do motivo.

– Houve outro motivo pelo qual lhe mostrei o sinal dos batimentos cardíacos. Foi para incentivá-lo a usar a perspectiva dos picos e vales com o seu *coração* – o velho explicou.

– Como assim?

– O importante não são apenas os insights preciosos que você consegue no pico. O modo como você se *sente* em relação aos insights e o que você *faz* com eles é o que faz toda a diferença. Por exemplo, como você se comporta quando está num vale?

– Como me comporto? – o jovem perguntou.

– Sim. E quando voltou para seu vale, como se sentiu?

– Eu me senti bem. Foi um período agradável!

O velho não disse nada.

– Que foi? – o jovem perguntou, mas o velho apenas esperou. O jovem percebeu o que havia acabado de dizer, e refletiu. – Ohhh… é isso, não é? O bom momento não durou por causa do modo como me senti e o que fiz depois disso.

– Muito bem! É claro, não foi o bom momento em si, e sim o fato de não ter administrado bem a situação durante esse bom momento. Pode ser interessante pensar nisso do seguinte modo:

É possível ter menos momentos ruins quando valorizamos e administramos os bons momentos com sabedoria.

O jovem pensou a respeito por um momento e disse:

– Mas não consigo ver o que fiz de errado. Onde estava o problema no modo como administrei meus bons momentos?

– Quando você estava se sentindo tão bem, talvez tenha se vangloriado um pouco sobre o que descobriu aqui no pico – o velho observou.

O jovem ficou em silêncio.

– Você acha que isso pode ter acontecido?

– Acho que não. Talvez.

O velho esperou.

– Sabe, isso pode explicar por que meus amigos vinham me evitando ultimamente. – O jovem suspirou. Ele estava pensando especialmente na jovem de quem gostava.

Então, acrescentou:

– A primeira vez que visitei o pico, você disse que a maioria das pessoas não se dá conta de que precisa estar *verdadeiramente* preparada se quiser permanecer nele.

O velho sorriu.

– Fico feliz que se lembre disso. Quem não está preparado para um pico em pouco tempo cai de lá, e sofre.

– Como podemos nos preparar de fato para o pico? – o jovem perguntou.

– Em vez de lhe dar *minhas* respostas, talvez eu possa ajudá-lo a encontrar as suas *próprias* respostas.

"Quando as coisas começaram a dar errado para você, como se sentiu?"

– Péssimo – o jovem respondeu.

– Então, por que não mudou seu comportamento?

– Não sei – o jovem admitiu. – Talvez porque eu não soubesse como lidar com isso, ou por ter pensado que se ignorasse o problema as coisas iriam acabar se ajeitando. Ou talvez estivesse com medo de admitir que estava errado ou que precisava de ajuda.

– E o que todas essas respostas têm em comum? – o velho perguntou.

O jovem pensou por um momento e disse:

– Não sei bem. – Mas chutou: – Medo?

O velho fez que sim com a cabeça.

– Sim. E qual é a origem do medo de uma pessoa?

O jovem não sabia.

– No caso da maioria, é o ego – disse o velho. – Nosso ego costuma nos deixar arrogantes no pico e temerosos no vale. Ele nos impede de ver o que é real. O ego distorce a verdade. Quando você está num pico, seu ego faz com que as coisas pareçam melhores do que realmente são. E quando você está num vale, o ego faz com que as coisas pareçam piores do que realmente são. Ele o faz pensar que o pico durará para sempre e temer que o vale não termine nunca.

O jovem escreveu em seu caderno o que o velho disse em seguida:

O motivo mais comum pelo qual você fica pouco tempo num pico é a arrogância, que se disfarça de segurança.

O motivo mais comum pelo qual você fica muito tempo num vale é o medo, disfarçado de conforto.

– De que forma a arrogância nos expulsa de um pico? – o jovem quis saber.

– Permita-me lhe dar um exemplo. Quando eu era mais novo, trabalhei para uma empresa enorme e muito famosa. Oferecíamos um excelente serviço por um bom preço, o melhor em nosso setor – o velho disse. E acrescentou: – Então, nossos custos subiram e a economia entrou em crise. O preço do nosso serviço subiu, e, logo, poucos podiam pagá-lo. As vendas caíram, mas, graças à nossa fama, a gerência acreditou que poderia simplesmente sobreviver à crise. A realidade, é claro, era que precisávamos mudar. Mas eles não viam isso, porque sua arrogância os havia deixado vaidosos. Mais algum tempo e perdemos a maior parte de nossos clientes, e tivemos de vender a empresa.

– Mas o que você fez? – o jovem quis saber.

– Perguntei a mim mesmo: *Qual é a verdade contida nessa situação?* A verdade era que não estávamos deixando nossos clientes satisfeitos.

– Então, comecei a perguntar a mim mesmo: *Como posso ser mais útil?* Não demorou muito, saí e abri eu mesmo minha empresa. Transformei aquela pergunta na pedra fundamental de meu novo negócio. Mesmo tendo começado pequenos, nossos clientes ficaram muito satisfeitos conosco, e foram transmitindo essa impressão adiante. Com o passar dos anos, tornamo-nos também uma grande empresa.

O jovem perguntou qual era o nome da empresa, e quando o velho disse, reconheceu-a de imediato. Deu-se conta de que seu novo amigo era um homem riquíssimo.

Pelo jeito, essa perspectiva dos picos e vales era realmente eficaz. Mas, perguntava-se, era tão útil assim na vida pessoal?

– Pode me dizer mais sobre como ela funcionou em sua vida pessoal?

O velho pensou por um momento, então disse:

– Sim. Vou lhe contar um exemplo pessoal. Quando minha esposa começou a adoecer, isso se tornou um vale cada vez mais profundo para nós. Para ela, criar nossos filhos, cuidar da casa e dar atenção a todos nós sempre havia parecido algo que não exigia esforço algum. Foi difícil para nós vê-la sofrer tanto a ponto de não poder fazer as coisas de que sempre gostou.

"Achei que cabia a mim tentar assumir a maior parte do que ela costumava fazer. Assim, esforcei-me para cuidar dela e de nossos filhos, ajudei a cuidar da casa e continuei trabalhando. Em pouco tempo, estava bastante estressado. É claro, eu estava preocupado mesmo era com o bem-estar dela. Não sabia o que fazer."

A voz do velho ficou embargada por um momento quando ele lembrou desse período de provações.

– Deve ter sido muito difícil – o jovem disse, em voz suave.

– Foi – o velho admitiu. – Tive medo. Fiquei preocupado com o que iria acontecer. Eu sabia que o medo costuma afugentar a verdade. Por isso, perguntei a mim mesmo: *Qual é a verdade contida nessa situação?* E a verdade era simples: *Eu a amava.* Então, perguntei a mim mesmo: *Qual seria a coisa mais amorosa que eu poderia fazer neste exato momento?* De início, eu não sabia. Mas, então, comecei a fazer tudo de atencioso que pudesse imaginar para o bem dela. E em pouco tempo a situação já não parecia mais um vale profundo.

– E por que isso? – o jovem quis saber.

– Porque vi que minha mulher percebeu o quanto eu a amava. Isso fez com que se sentisse melhor. Eu sabia que não fora tão atencioso antes como poderia ter sido. Em pouco tempo passei a gozar da sensação agradável que se instala quando nos tornamos uma pessoa melhor.

– Para minha surpresa, comecei a me sentir mais tranquilo e produtivo, mesmo nas terríveis circunstâncias em que nos encontrávamos – o velho acrescentou. – Percebi que muitos dos nossos medos tinham na verdade a ver comigo, não com ela. Quando procurei formas de ser mais amoroso, mudei o foco de mim para ela. Consegui sair de mim mesmo.

– Então – o jovem percebeu –, quando deixamos o *ego* de lado, aumentam nossas chances de sair de um vale mais rapidamente.

– Exatamente – o velho concordou. – E pôr o ego de lado também pode ajudá-lo a permanecer mais tempo num pico.

O jovem entendeu como aquilo era importante. E esperou não se esquecer.

Mais tarde, olhou ao longe e exclamou:

– Uau! Veja aquilo.

O velho sorriu. Ele sabia que o jovem perceberia, mais cedo ou mais tarde.

– Olhe para aquele pico fantástico ali. É ainda mais alto que este aqui – o jovem disse, como se o pico mais alto tivesse sido descoberto pela primeira vez. – Aposto que a vista de lá é ainda melhor que a daqui!

– Sem dúvida, é – o velho concordou.

– Tenho de ir vê-la – o jovem retrucou.

Mas olhou para baixo e viu o vale profundo que havia entre aquele pico e o outro mais alto. Suspirou, sabendo que deveria ser difícil atravessá-lo.

– Quando você olha para aquele vale, o que vê? – perguntou o velho.

O jovem pensou por um momento, depois riu.

– Sofrimento?

O velho também riu.

– Muitas pessoas veem um vale profundo dessa forma. Veem os vales como períodos de frustração, dor, desilusão, raiva e fracasso. Mas lembre-se do que acontece quando você identifica o bem que está oculto ali e se concentra nele.

O jovem concordou com a cabeça.

– Podemos transformar um vale num pico.

– Sim – o velho disse. – Mas é preciso contar com uma pessoa extraordinária para *verdadeiramente* valorizar e pôr em prática o que jaz oculto num vale. *Você* acha que é capaz de fazer isso?

– Obrigado por me lembrar disso. Ou seja, meu desafio é atravessar um vale de outra forma, não é isso? Como faço isso? – O jovem respirou fundo.

– Eu acho que a melhor forma de atravessar um vale é criando e seguindo a própria *visão sensível* – o velho disse.

– O que isso quer dizer?

– Com *sensível* quero dizer a visão de um futuro pico sobre o qual você deseja estar e que faça sentido para você. Algo tão formidável quanto você seja capaz de imaginar, mas que também seja realista e atingível, se desejar com bastante força. E *sensível* também significa que será capaz de tornar o que imagina mais real para si mesmo quando aplicar os cinco sentidos numa imagem com detalhes tão verossímeis e específicos que começará a se dar conta de que é possível concretizar aquilo.

"Imagine como seu futuro pico deverá ser, o que deverá ouvir quando estiver lá, o aroma que terá, o sabor, a sensação de tocá-lo, até que se torne tão real que a imagem de sua chegada nele o faça vencer o vale."

O jovem sentiu como isso poderia ser poderoso. E escreveu:

Uma excelente forma de atingir o próximo pico é seguir sua visão sensível.

Imagine-se aproveitando esse futuro melhor em detalhes tão específicos e verossímeis que em breve terá prazer em fazer o que o levará lá!

Os dois continuaram conversando até anoitecer.

Mais tarde, naquela noite, o jovem foi para sua barraca e sonhou em conquistar um lugar melhor.

Bem cedinho na manhã seguinte pôs-se de pé e contemplou o pico mais alto. Então, foi ter com o velho.

Disse que esperava que não demorasse muito para chegar ao próximo pico. Estava ansioso para aproveitar a vista ainda mais fantástica lá de cima quando conseguisse alcançá-lo.

Quando se despediram, o velho fez uma sugestão.

– Quando você chegar ao pico mais alto, talvez seja interessante ver se consegue ter alguns insights sobre verdades mais profundas a respeito de si mesmo. Pode ser interessante ouvir seus pensamentos com o coração, e lembrar-se dos momentos reais do trabalho e da vida pessoal que o guiarão na direção de suas verdades pessoais. O que descobrir irá se tornar a *própria* sabedoria, e não minha ou de qualquer outra pessoa.

O jovem disse que se lembraria daquilo, e agradeceu ao velho por partilhar tanto conhecimento com ele.

Então, apertaram as mãos e o jovem partiu, pretendendo atravessar o profundo vale na tentativa de chegar ao pico mais alto, que ficava adiante.

6

Descobertas

O jovem avançou com dificuldade por aquele vale, onde nunca tinha estado. O vento fazia os pingos da chuva machucarem seu rosto. Procurou abrigo, mas não encontrou. A travessia estava se revelando ainda mais difícil do que ele tinha esperado. Quando partiu, o vale não parecia *tão* profundo.

– Por que tem de ser desse jeito? – lamuriou-se. – Não deveríamos ser felizes? Por que precisamos passar por esses vales?

Seus pés estavam encharcados e ele estava tiritando de frio. Sentia-se péssimo.

– Um dia ainda vou rir disso – falou, ainda tremendo.

Pensou no que tinha acabado de dizer, e acrescentou:

– Por que esperar outro dia? Por que não rir disso agora?

E riu alto, sentindo-se um pouco melhor. Mas sua risada foi respondida por uma trovoada poderosa. Olhou para o céu, preocupado, e imaginou se estaria a salvo dos relâmpagos.

Suas pernas e seus pés doíam devido à caminhada sobre pedras pontiagudas. Lembrou-se do que o velho tinha dito: *O modo como você administra seu vale determina o tempo que levará para atingir o próximo pico.*

Não sentia que estava se saindo muito bem na administração daquele vale.

Finalmente, atingiu o ponto mais fundo do vale e parou.

A chuva havia apagado completamente os sinais do caminho. À sua frente, não via nada além de um rio estreito e ruidoso que parecia impossível de atravessar.

– Não consigo – disse em voz alta. – A correnteza é forte demais. Nunca vou conseguir.

Sentiu-se derrotado.

Teria de dar meia-volta e retornar por onde tinha vindo. Mas como poderia encarar o velho novamente? Como poderia encarar a si mesmo?

Sentou-se na lama e olhou fixamente para o rio. Temia entrar ali e ser arrastado pela poderosa correnteza. Imaginou-se engolindo água enquanto afundava e se afogava.

Sentiu um calafrio e perguntou a si mesmo:

– Por que estar num vale tem de ser tão doloroso?

E, então, respondeu à própria pergunta lembrando-se de algo que o velho tinha dito:

O sofrimento no vale é capaz de despertá-lo para uma verdade que você podia estar ignorando.

Bem, que verdade ele estaria ignorando?

Olhou para o pico mais alto, ainda distante.

– Só sei – pensou – que eu queria muito estar naquele pico mais alto.

Imaginou se não haveria um lago lá em cima que fosse tão bonito quanto o que havia diante da casa do velho – ou ainda mais bonito.

Imaginou como seria a sensação de receber a brisa fresca no rosto.

Então, pensou no que o velho tinha dito sobre chegar ao próximo pico criando e seguindo uma *visão sensível* – a imaginação de um futuro melhor coerente e que recorresse aos cinco sentidos para ser imaginado.

E deu-se conta de que, poucos momentos antes, estava criando uma visão *temerosa* – uma imagem de si mesmo se afogando ao ser arrastado para o fundo do rio.

O velho nunca havia falado sobre "visão temerosa", mas foi exatamente isso que o jovem fez.

"Talvez estejamos sempre criando uma visão de nosso futuro", pensou, "estejamos cientes disso ou não – seja uma visão temerosa ou uma visão sensível. A questão é qual visão iremos seguir."

E, então, disse:

– Ohhhh! *É isso!*

E falou as palavras em voz alta por entre a chuva e as trovoadas:

*O meu vale É
o medo.*

Ele achou que havia alguns tipos de vales – desde doenças ou a perda de um ente querido, passando por crises financeiras e outros infortúnios – que podiam estar além de seu controle e que não eram causados pelo medo.

Porém, para ele, o mais importante era que agora percebia que havia criado muitos de seus vales devido ao medo que sentia, estivesse consciente disso no momento ou não.

Pensou consigo: já que os vales eram os momentos em que sentia falta do que não tinha, será que tinha medo de nunca conseguir ou nunca reaver essa coisa faltante?

Ele sabia que os momentos ruins podem continuar, mas se formos além de nosso medo, em pouco tempo começaremos a nos sentir muito melhor.

Afinal, continuava ensopado, sentado na lama no fundo de um vale, mas tinha de admitir que havia se sentido melhor quando superou o próprio medo.

Sabia que muitas vezes havia negado a realidade que poderia ter sido a responsável por alguns de seus vales.

Sem dúvida, tinha desejado que seus picos durassem mais. Agora, pensando no trabalho e na vida pessoal, parecia que nunca haviam durado tempo suficiente. Além disso, queria que seus vales não durassem tanto.

Então, ele riu.

– Eu queria... eu queria querer direito. Talvez eu possa usar minha moeda da sorte e meu desejo de estar do outro lado do rio se realize.

Riu novamente, e se sentiu melhor, sabendo que é bom poder rir de si mesmo.

Então, lembrou-se do que o velho vinha tentando lhe dizer. Tirou seu caderno do bolso e anotou:

*Evite acreditar que as
coisas estão melhores
do que realmente
estão, quando estiver
num pico, ou piores
do que realmente
estão, quando estiver
num vale.*

*Faça da realidade sua
amiga.*

Ele voltou a olhar para o pico e imaginou como se sentiria se estivesse lá em cima, triunfante.

O velho tinha dito que a ferramenta mais poderosa para ajudar a atravessar um vale e alcançar o pico seguinte era *seguir uma visão sensível*.

Desse modo, começou a criar uma visão sensível pessoal. Fechou os olhos e imaginou, em detalhes realistas e verossímeis, que já estava sobre o pico mais alto.

Apreciou a vista magnífica. Sentiu o calor do sol em sua pele enquanto pairava acima das nuvens carregadas. Saboreou a água do lago cristalino. Sentiu o cheiro dos pinheiros e ouviu o grito de uma águia.

Não sentia medo algum. Estava em paz.

Abriu os olhos e olhou novamente para o pico, ainda imaginando como seria bom estar lá. Ao manter sua visão sensível, parecia sentir que era erguido como que por um ímã para se pôr de pé.

Olhou para o toco de uma árvore do outro lado do rio. Um plano se delineou em sua mente.

Pegou uma corda que trazia na mochila e fez um laço. Então, ficou de pé e a jogou para o outro lado. Mas errou.

Jogou a corda muitas outras vezes, mas ela foi ficando molhada e pesada, e era cada vez mais difícil lançá-la.

Caiu de joelhos, fechou os olhos e sentiu seus braços e costas doendo.

Pensou seriamente em desistir.

Mas olhou para o pico novamente e lembrou da visão sensível.

O jovem olhou para o outro lado do rio e se concentrou no toco de árvore como se nada mais existisse. Ainda concentrado, jogou a corda, e dessa vez ela caiu certeira em volta do tronco. Puxou-a várias vezes para ter certeza de que estava firme.

Então, entrou nas águas agitadas e, lentamente, começou a se puxar, uma mão após a outra, na direção da outra margem.

Duas vezes quase foi sugado para baixo, mas agarrou-se à corda que havia amarrado firmemente dos dois lados do rio. Ela salvou sua vida.

Ao cabo de algum tempo, conseguiu chegar ao outro lado, e, lentamente, venceu a elevação da margem.

Quando se pôs de pé novamente, ergueu as duas mãos e gritou:

– Consegui!

E riu. Mesmo ainda estando no vale, *sentia-se* como se já estivesse no pico.

E, de repente, compreendeu o que um pico pessoal poderia ser:

*O pico pessoal é
uma vitória sobre
o medo.*

Sentou-se e sorriu. Era sensacional ter superado o próprio medo! Decidiu descansar um pouco antes de caminhar na direção do pico mais alto.

Ficou pensando na diferença entre desejar um futuro melhor e seguir uma visão sensível. Então, percebeu que a diferença está no que se *faz*.

– Desejar não conduz a ação alguma – refletiu. – Mas quando realmente seguimos uma visão sensível, *queremos fazer* as coisas que a tornam real. Você não se obriga, apenas *quer* tanto que se vê fazendo coisas das quais nunca se imaginou capaz.

Estava começando a entender o que o velho quis dizer com *verdadeiramente* seguir a visão. Queria dizer manter-se fiel àquilo que se quer e fazer o que é realmente necessário para chegar lá – reconhecendo a *verdade*!

Cada vez mais, estava percebendo que o medo nos paralisa, mas a verdade nos ajuda a alcançar êxito.

Ele sorriu e voltou a olhar para o pico mais alto. Dali a pouco estava se levantando com o entusiasmo renovado e deu prosseguimento à sua jornada. Percebeu que quando começou a seguir a visão sensível sentiu-se mais animado e confiante.

À medida que ia subindo, pisava em trechos de pedras soltas e escorregava, voltando a descer um pouco. Mas, a cada vez que isso acontecia, retomava a subida.

Sorria à medida que avançava. Estava a caminho de um pico mais alto.

Após um bom tempo, atingiu um trecho banhado pela luz do sol e se viu no topo da montanha.

Estava diante do lago mais fantástico, cercado por frondosas árvores. Sentiu a brisa fresca.

Então, voltou-se para olhar para o vale de onde viera. Sabia como havia sido difícil. Mas isso agora só tornava a situação ainda mais prazerosa.

Pensou em como eram as coisas no vale onde ele morava e se lembrou de sua vida e de seu emprego.

Pensou em seus pais e amigos e na jovem de quem ele gostava. Lembrou como vivia com medo, embora muitas vezes não tivesse se dado conta.

Havia alimentado o medo de que seus amigos não gostassem dele. Medo de que seu pai não o respeitasse. Medo de que a jovem de quem ele gostava perdesse o interesse nele. Medo de perder o emprego. Medo de ser considerado um fracasso. E, provavelmente, tinha medo de outras coisas também.

Ele havia sido bobo de permitir o medo mandar em sua vida com tanta frequência, obscurecendo sua visão da verdade.

Por fim, sentiu que estava realmente começando a viver a filosofia dos picos e vales. Para ele, era como "uma filosofia somada a uma técnica".

"É uma forma de ver as coisas", pensou "e, tão importante quanto isso, uma forma de *fazer* as coisas."

Faça da realidade sua amiga, o velho tinha dito. Sentiu que estava começando a captar o que isso poderia significar no caso dele.

O momento ruim que havia passado no vale de fato o despertara para algumas verdades que vinha ignorando.

Viu que quando não só encarava a verdade, mas também a *aceitava*, ela lhe era mais útil.

Então, exclamou:

– Por isso o velho usa o termo "verdadeiramente" tantas vezes. Ele está querendo dizer algo baseado na *verdade*!

Esperou que, agora, verdadeiramente buscasse o que fosse real, em vez de viver na ilusão. Percebeu que podia construir uma base mais forte para o futuro se ela fosse erguida sobre o que fosse verdadeiro.

O que o impressionou mais foi o poder de criar e seguir uma visão sensível. Como o velho havia previsto, quando seguiu sua visão sensível, conseguiu pensar em formas surpreendentes de torná-la realidade.

Viu que seguir sua visão sensível era como olhar para um mapa. Era uma forma prática de ajudar a si mesmo a chegar aonde queria.

A visão que ele havia desenvolvido sobre o pico tinha não apenas dissolvido os medos que o vinham enfraquecendo, mas também lhe dera a clareza e a força para seguir adiante.

– Vale *verdadeiramente* a pena repetir a dose! – disse, com um sorriso. E escreveu o que lhe pareceu um item importante em seu caderno:

*Criamos um pico
quando seguimos
verdadeiramente
nossa visão sensível.*

*Nosso medo
diminui e nos
tornamos mais
tranquilos
e bem-sucedidos.*

Sentou-se em silêncio e ficou ouvindo o sussurro do vento nas árvores e o tranquilo murmurar da água na beira do lago. Era tão bom ou ainda melhor do que havia imaginado antes.

O jovem experimentou uma sensação de liberdade nova. Teve vontade de compartilhar essa sensação com as pessoas de quem gostava.

Quando olhou para o vale onde morava, sentiu que seria bom voltar para casa.

Mas, antes disso, queria ter mais alguns momentos com o velho. Começou a imaginar, em detalhes, como seria estar com o velho no outro pico mais uma vez.

Como era afortunado por ter feito mudanças na própria vida enquanto ainda era jovem! Não era preciso envelhecer para ter sabedoria, agora ele via.

Então, enquanto observava o vale, divisou um atalho que não tinha visto antes.

"É impressionante como conseguimos ver mais coisas quando nosso ponto de vista é mais alto. Acho que o segredo é, quando estamos num vale, imaginar o que veríamos se estivéssemos num pico", pensou.

Gostou da possibilidade de fazer descobertas no vale para que o próximo vale se tornasse menos doloroso, ou talvez até lhe fizesse bem.

Planejou pegar o atalho em seu trajeto de volta para visitar o velho. "Agora que conheço um caminho melhor", pensou, "o tempo que passarei no vale não será tão penoso."

Mal podia esperar para ver seu velho amigo outra vez.

7

Partilhando

O jovem chegou ao topo no início da tarde. Assim que viu o velho, correu para abraçá-lo.

– Isso é que eu chamo de recepção calorosa. Mal o reconheci! Não está parecendo em nada o jovem que apareceu aqui naquela primeira noite. É uma bela jornada, não? – o velho perguntou, rindo.

– É sim – o jovem respondeu. – Custou-me muito mais do que pensei para chegar ao pico mais alto.

– Eu quis dizer, a *vida* é uma bela jornada.

– Ah – o jovem compreendeu. – Sim, não há dúvida.

Então, contou a ele o que havia feito desde que partira.

– E quais foram as coisas mais importantes que você acha que descobriu? – o velho perguntou.

– Bem... – disse o jovem. – Aprendi que não basta saber mentalmente sobre picos e vales e falar a esse respeito – como fiz quando voltei para meu vale da primeira vez.

"É preciso viver a filosofia dos picos e vales. E quanto mais fazemos isso, mais aprendemos e crescemos, e mais tranquilos e bem-sucedidos nos tornamos.

"Também aprendi que tanto os momentos bons como os ruins da minha vida são, verdadeiramente, dádivas, e que cada um deles tem enorme valor, se eu administrá-los bem.

"Quando estava me sentindo bem no pico mais alto, passei bastante tempo contemplando a verdade, o máximo que pude.

"Agora, estou ansioso para rever meus amigos e minha família novamente. Vejo que tenho muito a aprender com eles também."

– Estou percebendo que também aprendeu outra coisa – o velho sorriu.

– Como assim?

– Aprendeu a ter um pouco de *humildade*. Fico satisfeito, porque agora sua chance de permanecer mais tempo em seus picos é maior – o velho respondeu.

O jovem limitou-se a sorrir.

– Lembra quando me disse, da primeira vez em que nos vimos, como você se sentia infeliz morando no vale e como nada parecia estar dando certo para você lá? – o velho perguntou.

– Sim – o jovem respondeu, um pouco sem graça. – Eu disse isso porque não percebia que meu vale era uma oportunidade para eu crescer, para criar algo melhor na minha vida. Só estava tentando fugir do meu vale, e não aprender com ele. – E acrescentou: Agora eu vejo que quando saio de mim e olho a dádiva que jazia oculta naquele vale, ela é capaz de me conduzir a um lugar novo e melhor.

O jovem pensou mais um instante e acrescentou:

– Não sei se está certo, mas me parece que o propósito do pico é celebrar a vida, enquanto o propósito do vale é ensinar sobre a vida.

O velho sorriu.

– Isso é bom. Pelo brilho em seus olhos estou vendo que descobriu bastante coisa sobre as verdades dos picos e vales.

– Você consegue ver isso? – o jovem perguntou.

– Não é algo tão difícil de ver! – O velho riu. – Diga-me, como se sentiu quando chegou ao fundo do vale? Era um vale bastante profundo.

O jovem olhou para baixo por um momento, lembrando-se do que havia acontecido.

– Dei de cara com um rio furioso que parecia perigoso demais para atravessar. Quase volto pelo mesmo caminho – observou. – Fiquei com medo de fracassar. Mas, então, me lembrei de que é nosso medo que nos mantém paralisados. Mais importante que isso, descobri que realmente *consigo* transformar um vale num pico quando deixo o medo de lado e me imagino fora de mim.

– Como? – O velho ficou intrigado. – O que você fez?

93

– Lembrei que uma excelente forma de chegar a meu próximo pico seria criar e seguir minha *visão sensível* – algo que fizesse *sentido* para mim e fosse verossímil e atingível se eu quisesse com força suficiente. Usei os cinco sentidos para imaginar que já estava gozando dos prazeres de estar no pico mais alto. Imaginei o que eu veria, tocaria, saborearia, cheiraria e ouviria. À medida que fazia isso, meu medo se dissipava e ia me dando a energia e o entusiasmo para correr atrás daquilo tudo.

"Então, continuei vendo e sentindo minha visão sensível até que dei um jeito de chegar lá. Usei minha corda para dar um laço num toco de árvore do outro lado e me agarrei a ela para cruzar o rio."

Nesse relato, ele amenizou as reais dificuldades que havia enfrentado.

– Consegui chegar do outro lado do rio e, em seguida, ao pico.

O velho perguntou:

– Como era o pico mais alto?

Os olhos do jovem brilharam.

– Era… fabuloso!

– Fabuloso, como? – o velho riu.

O jovem olhou para o pico mais alto, ao longe.

– Era de tirar o fôlego! Dava para ver o vale que eu havia atravessado e este pico em que estamos agora. – E olhou novamente para o velho. – Mas a coisa mais importante que vi foi por que você usa a expressão *verdadeiramente* tantas vezes. Por exemplo, *verdadeiramente* valorizar e administrar seus bons momentos e *verdadeiramente* aprender e melhorar as coisas em seus momentos ruins.

"Você está frisando que é para vermos *a verdade*! Não o que eu desejo, ou temo que esteja acontecendo, mas o que é pura e simplesmente a verdade contida em meus momentos bons e ruins. Agora espero ser capaz de vivenciar meus futuros picos e vales com mais curiosidade sobre a verdade. Vou perguntar a mim mesmo: *Qual é a verdade contida nesta situação em que me encontro?*"

O jovem riu e agradeceu ao velho. Os dois continuaram conversando até que chegou a hora de o jovem retornar para sua casa, no vale.

Quando se despediram, não sabiam que estavam se vendo pela última vez.

8

Picos e vales na prática

Quando o jovem voltou para seu vale, sua família e seus amigos notaram que ele havia mudado bastante. Acharam a companhia dele mais agradável, embora não soubessem definir por quê.

Porém, a empresa estava passando por dificuldades, perdendo ainda mais dinheiro.

O jovem lembrou-se da época em que entrou naquela próspera empresa e se perguntou por que a situação estava tão diferente agora.

Lembrou-se de quando todos se animavam a procurar formas de melhorar cada aspecto dos negócios. Muitas vezes, faziam perguntas a si mesmos e não partiam do princípio de que já sabiam as respostas. Não negligenciavam nada.

Mas o sucesso havia subido à cabeça de todos. Não estavam mais fazendo as coisas que os levaram ao êxito. Tinham perdido a noção das necessidades urgentes e também a curiosidade.

Agora, quando as coisas iam mal, muitos ficavam nervosos ou até irritados. Quando tentavam dar um jeito no problema, sua energia era canalizada na direção errada, um culpando o outro ou cada um defendendo seu lado.

Não era de se admirar que a empresa não conseguisse sair desse vale. A mentalidade e as atitudes da maioria dos empregados estavam, na verdade, aprofundando e alargando o vale.

Então, um dia, a empresa recebeu aquilo que todos imaginaram ser uma péssima notícia.

Eles eram o fabricante exclusivo de um produto diferenciado e muito lucrativo. Agora, uma empresa bem maior estava entrando nessa área, lançando um produto similar a um preço mais baixo.

Com seu gigantesco orçamento de marketing, a empresa maior poderia facilmente expulsá-los do mercado.

Sua empresa criou um novo plano de marketing, mas as pessoas tinham pouca esperança de que surtisse muito efeito.

O jovem se reuniu com o departamento e pediu que todos pensassem em duas questões:

Qual é a verdade contida nessa situação? Como podemos aproveitar o bem que está oculto nesse momento ruim?

Incentivou cada um a dar as melhores respostas numa reunião de emergência marcada para a manhã seguinte.

Quando a reunião começou, uma mulher disse: "Ninguém sabe mais sobre esse tipo de produto do que nós. Temos mais clientes que vêm usando esse produto há mais tempo do que qualquer um."

Alguém acrescentou: "A verdade é que eles têm um orçamento gigantesco de marketing. Temos de nos concentrar em algo que sabemos fazer melhor que eles."

A equipe concordou que as duas coisas eram verdadeiras.

Então, o jovem perguntou:

– Pois bem, onde está o bem oculto nesse momento ruim e o que poderemos aproveitar em nosso favor?

Um senhor mais velho disse:

– E se nos concentrássemos em nos manter à frente de nossos concorrentes fazendo um produto muito melhor do que o deles?

De repente, a equipe do jovem conseguiu vislumbrar o bem oculto: a gigantesca campanha de marketing do concorrente faria com que as pessoas ficassem conhecendo esse tipo de produto – mas *eles* teriam o produto com qualidade superior.

De certo modo, o concorrente estaria fazendo o trabalho de marketing para eles!

O jovem perguntou à equipe se eles queriam criar e seguir uma *visão sensível* – a imagem de um futuro melhor que fizesse sentido para todos.

A equipe concordou, e eles começaram a imaginar, em detalhes bem específicos e verossímeis, como seria ter um produto bem melhor – um produto do qual os clientes gostassem tanto que iriam comprálo, usá-lo *e* falar dele para as outras pessoas.

A equipe imaginou-se ouvindo o que os clientes *verdadeiramente* queriam e compartilhando essa informação com o restante da empresa.

Em seguida, eles *fizeram* isso! Ouviram as pessoas e acrescentaram recursos sensacionais ao produto, algo que as pessoas valorizavam. Quando a campanha de marketing da gigante concorrente começou, a empresa já havia melhorado significativamente o produto e muitos novos consumidores tinham passado a comprá-lo.

Sua fama melhorou por causa do excelente serviço, e com o boca a boca o capital da empresa disparou.

O emprego das pessoas logo ficou mais seguro.

O jovem foi compartilhar mais do que havia aprendido sobre picos e vales com o restante da empresa.

Todos debateram o assunto e se deram conta de que a arrogância anterior os havia tirado de seu pico, e juraram não se deixar levar mais pela vaidade.

O jovem e sua equipe receberam um aumento e continuaram procurando novos meios de ajudar a empresa. Faziam perguntas e não partiam do princípio de que conheciam todas as respostas.

O jovem estava satisfeito ao ver sua empresa de volta ao pico, mas também sabia como seria fácil cair em outro vale se eles não administrassem esse bom momento com sabedoria.

Lembrou-se do que havia aprendido:

Para permanecer por mais tempo num pico: seja humilde e demonstre gratidão. Continue fazendo o que o levou até lá. Continue fazendo as coisas cada vez melhor. Faça mais pelos outros. Poupe recursos para poder usá-los nos vales que virão.

Sorriu ao saber que estava finalmente aprendendo a administrar melhor seus momentos bons.

Já havia decidido que faria as coisas de forma diferente no futuro, o que incluía economizar e investir parte de seu aumento de salário para ajudá-lo a atravessar os vales que certamente teria pela frente.

Um dia, o jovem ficou surpreso e feliz quando foi informado de que havia sido promovido!

Mal podia esperar para contar a notícia à sua família e à jovem de quem gostava.

Então, ficou paralisado.

Na última vez em que fora contar uma ótima notícia sobre o trabalho, a situação não tinha ido muito bem.

Lembrou que quando teve uma conquista antes tornou-se arrogante e sequer se dera conta disso.

Lembrou que seus amigos começaram a evitá-lo, inclusive a jovem de quem ele gostava.

Agora, estava com medo de que seu modo presunçoso pudesse lhe custar o relacionamento com ela.

Mas, em vez de se deixar abater pelo medo, resolveu aplicar sua nova perspectiva dos picos e vales. Falaria menos e faria mais.

"Se eu realmente perder esse relacionamento", disse a si mesmo, "confiarei que existe um bem oculto também nesse vale."

"Ou, melhor ainda, talvez eu possa criar um relacionamento melhor com ela quando tiver aprendido a ser mais humilde e mais amoroso."

Então, riu sozinho. "Um *pouco* mais humilde?", perguntou em voz alta.

Decidiu que queria se tornar uma pessoa mais amorosa e atraente.

Agora, ele acreditava que ao se tornar mais amoroso – pondo o amor no lugar do medo – era mais provável que *fosse* amado e que atraísse um relacionamento verdadeiramente gratificante para si.

Nos dias que se seguiram, criou mais uma *visão sensível*. Dessa vez, imaginou que passava a ser o tipo de pessoa cuja companhia uma mulher como ela gostaria de ter. E, talvez, ainda mais importante que isso: o tipo de pessoa que ele gostaria de *ser*.

Imaginou esse eu melhor em todos os detalhes. Ele se tornaria alguém que não se leva a sério demais, alguém divertido, mas, ao mesmo tempo, alguém que se importa profundamente em criar verdadeira excelência na vida pessoal e no trabalho.

Seria um homem com vontade de fazer diferença no mundo – talvez uma diferença modesta, porém significativa. E nunca seria negligente com as pessoas mais próximas dele.

Para variar, o jovem não falou sobre esse assunto com ninguém. Apenas manteve esse quadro e essa sensação com bastante clareza na mente e no coração.

Então, *fez* as coisas que levaram tudo aquilo a acontecer – começou pelas coisas pequenas. Com o tempo, foi se tornando cada vez mais o homem que havia imaginado.

Lembrava-se de ter perguntado, havia muito tempo: *De que modo, exatamente, devemos administrar um vale?*

Agora, escreveu a resposta em seu caderno:

É possível sair de um vale mais rápido quando conseguimos sair de nós mesmos: no trabalho, sendo mais úteis, na vida pessoal, sendo mais amorosos.

Uma noite, antes de começar a trabalhar no novo cargo, seus pais fizeram uma pequena festa para ele. A maioria de seus amigos compareceu, incluindo a jovem, que, agora, passara a gostar muito dele.

Mais tarde, naquela mesma noite, perguntou a seu pai como havia sido a juventude dele. Enquanto ouvia as histórias de seu pai sobre alguns dos picos e vales pessoais que havia enfrentado em sua trajetória, percebeu que seu pai tinha uma sabedoria toda própria.

Com o tempo, esses dois homens passaram a se aproximar muito.

A carreira do jovem continuava indo de vento em popa e seus pais estavam satisfeitos com ele.

Ainda discutia com eles, de vez em quando, mas havia se tornado menos defensivo e as discussões eram mais suaves. Muitas delas passaram a ser conversas ponderadas.

O jovem continuou fazendo muitas descobertas por conta própria. Uma das coisas mais úteis que descobriu era supreendentemente simples: sempre que não sabia muito bem como sair de um vale, lembrava-se de que picos e vales são opostos entre si. Assim, observava o que havia feito para estar naquele vale e fazia exatamente o oposto — e conseguia o resultado oposto!

Era impressionante como isso era óbvio, mas não dava para deixar de notar como funcionava bem.

À medida que ia envelhecendo, começou a atravessar seus vales cada vez com maior suavidade e serenidade.

Apesar da agenda lotada, o jovem ainda conseguia tempo para caminhar pelas campinas do vale – muitas vezes, acompanhado da jovem de quem gostava.

Até que, um dia, recebeu a dolorosa notícia que sabia que viria mais cedo ou mais tarde: o velho do pico tinha morrido.

Todos os que o conheceram disseram ser capazes de sentir a presença dele, especialmente perto do cume. Mesmo depois de muito tempo após sua morte, seu amigo do vale sabia que sentiria muita falta dele.

O jovem correu os olhos pelo vale. Temia que uma importante parte de sua vida agora estivesse faltando e nunca mais iria recuperá-la. Havia ficado bastante apegado ao velho, e agora começava a se sentir mais sozinho e entristecido.

Sentiu a dor em seu coração e se perguntou qual seria a verdade.

Então, imaginou a voz do velho dizendo: *Vales são os momentos em que sentimos falta do que não temos...*

Então, riu, e num sussurro concluiu a frase do velho:

E picos são os momentos em que valorizamos o que temos.

Pôs-se a pensar naquilo que ele valorizava.

A verdade era que, agora, tinha um modo de trabalhar e de viver que claramente o havia tornado mais sereno e bem-sucedido, tanto nos momentos bons como nos momentos ruins.

E tinha conseguido isso graças a seu velho amigo.

Sabia que havia acabado de sair de um vale pessoal momentos antes, porque achou que deveria continuar contando com a companhia do velho, compartilhando de sua sabedoria e energia vital.

Mas, agora, o jovem respirava fundo e via o que era *real* – e não o que desejava ou temia que fosse real.

A verdade era que o velho lhe havia passado um tesouro que, se fosse aplicado, o ajudaria e também a todos à sua volta por muitos e muitos anos ainda.

De certo modo, parte do velho estava *dentro* dele, e sempre estaria com ele.

Seus olhos se encheram d'água. Sentiu a tristeza e a alegria de ter tido um amigo tão bom na vida.

Percebeu que seu trabalho e sua vida pessoal sempre seriam uma série de picos e vales.

Atravessaria períodos de altos e baixos financeiros, emocionais e espirituais; atravessaria saúde e doença, alegria e sofrimento.

Aceitou que essa repetição fazia parte da complexidade e da riqueza de estar vivo.

Mas, agora, sabia que, ao aplicar a perspectiva dos picos e vales, poderia fazer com que os momentos bons e os ruins se revertessem em mais benefícios para ele.

107

Pensou na enorme mudança que havia efetuado no trabalho e na vida pessoal, e como se sentia grato a seu velho amigo. Então, lembrou-se da promessa que havia feito no dia em que se conheceram.

– Vou lhe contar sobre os picos e vales – o velho tinha dito – sob a mesma condição dada pelo meu amigo, ou seja, se você a considerar útil, deverá encontrar uma forma de compartilhar isso com os outros.

O jovem achou que havia tentado fazer isso da melhor maneira possível. Mas, agora, sentia que queria fazer mais. Queria encontrar um modo melhor de compartilhar com os outros o tesouro deixado por seu velho amigo.

Desse modo, seguiu pela margem do rio até a cabana de um amigo, onde poderia ficar sozinho para pensar.

Perguntou a si mesmo o que tinha achado mais útil na perspectiva dos picos e vales. Pensou nas experiências pelas quais havia passado. E releu todas as notas que tinha tomado. Havia tantas coisas ali que considerava úteis!

Passado algum tempo, começou a escrever um resumo do que considerava mais valioso. Foi bastante sintético, para que coubesse num pequeno cartão.

Planejou mostrá-lo para todos que realmente quisessem saber.

Então, sorriu, dando-se conta de que o cartão seria um lembrete para *ele* também. Poderia ajudá-lo a pôr em prática os extraordinários princípios e ferramentas da perspectiva dos picos e vales com mais frequência.

Nos dias e meses que se seguiram, aproveitou várias oportunidades para ajudar outras pessoas passando adiante esse resumo.

COMO USAR SEUS PICOS E VALES NO TRABALHO E NA VIDA PESSOAL

PARA ADMINISTRAR SEUS MOMENTOS BONS E RUINS:
Faça da realidade sua amiga
Se estiver temporariamente num pico ou num vale, pergunte-se: Qual é a verdade nesta situação?

PARA SAIR MAIS RAPIDAMENTE DE UM VALE:
Identifique e aproveite o bem oculto num momento ruim
Relaxe e reconheça que os vales têm fim. Faça o oposto daquilo que o pôs no vale. Não seja tão centrado em si mesmo: seja mais útil no trabalho e mais amoroso na vida pessoal. Evite comparações. Descubra o bem que jaz oculto no momento ruim e aproveite-o sem demora em benefício próprio.

PARA PERMANECER MAIS TEMPO NUM PICO:
Valorize e administre seus momentos bons com sabedoria
Seja humilde e agradecido. Continue fazendo as coisas que o levaram até lá. Continue fazendo tudo cada vez melhor. Faça mais pelos outros. Poupe recursos para os vales que estão por vir.

PARA CHEGAR A SEU PRÓXIMO PICO:
Siga sua visão sensível
Imagine-se gozando de um futuro melhor em detalhes tão específicos e verossímeis que em breve terá prazer em *fazer* o que for preciso para chegar lá.

PARA AJUDAR AS PESSOAS:
Conte isso aos outros!
Ajude as pessoas a fazer os momentos bons e ruins trabalharem para elas também.

9

Aproveitando um pico

Muitas décadas depois, o outrora jovem também havia envelhecido.

Tinha se mudado havia muito tempo para um pico, onde passava a maior parte do tempo, embora, de vez em quando, retornasse ao vale.

Um dia, após o almoço, sentou-se debaixo de uma árvore, aproveitando a vista magnífica.

Pensou nas coisas que havia passado na vida e lembrou-se que, quando era mais novo, criara muitos de seus momentos bons e ruins sem se dar conta disso.

Lembrou-se com carinho do velho que lhe havia ensinado formas tão preciosas de lidar com os altos e baixos pelos quais havia passado.

Que profunda diferença isso fizera em sua vida profissional e pessoal! Acabara se tornando extraordinariamente tranquilo e bem-sucedido tanto nos momentos bons como nos ruins.

Lembrou-se do tanto que devia ao velho.

Então, sorriu quando imaginou a voz do velho lembrando-o de que o verdadeiro crédito é da pessoa que aprende e *aplica* o que aprendeu.

Então, ouviu um barulho e se virou para olhar.

Mas não viu nada e retornou às suas reflexões.

Dava imenso valor ao tempo que vivera no vale. Mas preferia passar a maior parte do tempo no pico mais alto, onde havia erguido uma casa maravilhosa.

Gostava de convidar os amigos e a família para ficar com ele. Havia conquistado a fama de anfitrião generoso e amigo dedicado.

E tinha um casamento feliz de muitos anos com aquela mulher especial que passara a amá-lo profundamente.

Ele havia se dado conta de que não importava onde a pessoa vivia, mas *como* vivia.

Não importava se era num vale fértil como seus pais ou num pico magnífico como o velho.

Ele vivia aquilo que sabia: que uma vida feliz e cheia de riquezas é como uma paisagem feita de picos e vales que vão se alternando naturalmente. Por fim, sentiu que estava não só numa jornada tranquila, mas que, mesmo antes de chegar ao destino, já se encontrava lá.

Sorriu.

O barulho que achou ter ouvido antes se repetiu, mais alto e mais perto.

Ergueu os olhos e viu uma jovem que parecia assustada, e que disse:

– Desculpe. Não quis importuná-lo.

Ela explicou que havia acabado de subir o pico depois de uma longa escalada desde o vale em que morava. Parecia esgotada do esforço realizado.

Quando começaram a conversar, ela se surpreendeu ao ver que estava falando para um completo estranho sobre algumas das dificuldades que vinha enfrentando no vale.

Por razões que não compreendia, essa jovem sentia que havia algo de especial naquele velho. Naquele momento, ela não tinha como saber que estava conhecendo uma das pessoas mais tranquilas e bem-sucedidas do mundo. Parecia ser apenas um velho simpático.

Enquanto o dia avançava, eles começaram a falar sobre o que o velho chamava de perspectiva dos picos e vales. Segundo ele, tratava-se de uma filosofia aliada a algumas técnicas – uma forma de ver as coisas e fazê-las que nos torna mais calmos e mais bem-sucedidos nos momentos bons e nos ruins.

Notou que ela ouvia com atenção e alimentou a esperança de que aplicasse o que estava prestes a descobrir quando ainda era jovem, mais do que ele quando havia descoberto o mesmo. Pensou: *Nunca é cedo demais para fazer com que bons e maus momentos trabalhem a nosso favor.*

Depois de ouvir durante um bom tempo, ela perguntou:

– Você se importa se eu falar sobre isso com mais amigos e colegas de trabalho?

O velho riu e disse:

– Você está um passo à minha frente. É muita consideração sua. Sim, seria maravilhoso se você pudesse...

⋀

Dividir com os outros.

⋀

Fim

Depois da história

Quando Ann terminou a história, percebeu que havia parado de chover. Michael parecia estar profundamente absorto.

Após um tempo, ele disse:

– Gostei muito do jantar. O mais importante é que você me deu bastante material para reflexão. Estou me perguntando como farei para aplicar essa história à vida real. Minha situação é complicada.

Ann concordou.

– Foi assim que me senti quando ouvi a história pela primeira vez. Até me ocorrer que eu é que podia estar complicando as coisas.

– Como assim? – Michael perguntou.

– Quanto mais eu pensava na história, mais ela parecia... bem, parecia ser um ótimo exemplo de senso comum.

Michael sorveu calmamente um gole de café e disse:

– Ela fala de muitas coisas. – Então, fez uma pausa e acrescentou: – Espero conseguir me lembrar de aplicá-la.

Ann procurou algo na bolsa e passou para ele um pequeno cartão. Disse:

– Tome, isso pode ajudar.

Michael viu que era um resumo da perspectiva dos picos e vales para administrar os bons e os maus momentos. E disse:

– Muito obrigado!

Ann sorriu.

– Não há de quê. Além disso, prometi à pessoa que me contou a história que quando tivesse uma oportunidade iria...

– Partilhar com os outros? – Michael concluiu a frase.

– Como adivinhou? – Ann riu.

Nos dias que se seguiram, Michael se perguntou como poderia aplicar o que havia aprendido com aquela história para solucionar alguns problemas concretos que vinha enfrentando.

A empresa de software em que Michael trabalhava havia começado a transferir boa parte de seus serviços para ser feita fora do país. Ele estava pressentindo que seu emprego podia ser o próximo.

Qual é o bem oculto nesse momento ruim? Ele realmente não conseguia ver nada de bom naquilo.

Qual é a verdade contida nessa situação? A verdade era que ele era bom no que fazia. Mas outra verdade era que o mercado do serviço que ele prestava estava se desintegrando. Ou será que não estava?

Seja mais útil. De que forma isso se aplicava ao caso dele?

Picos e vales estão ligados. As coisas sábias que você faz nos vales de hoje criam os picos de amanhã.

Será que a empresa de Michael estava presa ao passado? Talvez tivesse de mudar o modo de ver as coisas e passar a atender a novos tipos de clientes.

Talvez agora fosse a hora de começar a imaginar o próximo pico que gostariam de atingir – nos mínimos detalhes, com o máximo de realismo.

Começou a conversar a esse respeito com algumas pessoas no trabalho que pareciam abertas a novas ideias.

Formaram um grupo de trabalho e descobriram diversas formas inovadoras de oferecer um serviço melhor, para mais clientes. Quando *fizeram* as coisas que materializaram a ideia, fez uma enorme diferença!

E quanto mais faziam mais as coisas melhoravam.

Quando a situação começou a melhorar no trabalho, a cabeça de Michael se voltou para o ambiente doméstico.

A situação com sua mulher, Linda, não estava indo às mil maravilhas. O estresse do trabalho de ambos e as dificuldades financeiras do casal tinham afetado bastante o casamento.

Michael se lembrava de como ele e Linda haviam sido felizes logo que se casaram.

Continue fazendo o que o levou até lá.

O que os havia levado àquela felicidade? O que eles deixaram de fazer?

Ele lembrava que costumava notar tantas coisas em Linda que ela adorava que ele notasse. Agora, será que estava negligenciando tudo isso?

Procurou formas de sair de si mesmo e ser mais amoroso. Começou a fazer pequenas coisas por ela. Não demorou muito para Linda perceber.

Mais tarde contou a ela a história sobre os picos e vales e o impacto que havia tido sobre ele.

– As coisas melhoraram bastante entre nós – ele disse. E fez uma pausa.

Linda terminou a frase dele.

– É verdade. Mas você ainda está num vale profundo com Kevin.

Michael concordou. Ele e o filho adolescente do casal estavam se dando tão mal que praticamente não se falavam mais.

Ele queria que Kevin levasse os estudos mais a sério e não ficasse tanto tempo "ouvindo um som" com os amigos.

Tinha pensado a esse respeito nos últimos dias, perguntando a si mesmo: *Qual é a verdade contida nesta situação?*

A verdade era que ele não gostava do interesse de seu filho por música, mas o menino *adorava* música.

Desejar não conduz a atitude alguma. Michael sabia que tinha de parar de desejar e *tornar a realidade sua amiga.*

Decidiu criar uma visão sensível que servisse a ambos. Imaginou que tipo de pai queria ser e que tipo de amizade queria ter com o filho. Não podia controlar o que o filho fazia, mas podia controlar o que *ele próprio* fazia.

Imaginou-se indo a um show no qual a banda de Kevin iria se apresentar – o alarido do público aplaudindo e incentivando, a expressão de satisfação e orgulho no rosto de Kevin. A sensação de receber do filho um abraço apertado nos bastidores após o show.

E, então, começou a *fazer* as coisas que o conduziriam para o pico que havia criado mentalmente.

Parou de criticar o filho e começou a ir até o porão para ouvir o som quando a banda do rapaz se reunia para tocar. Não dizia nada. Apenas ouvia, sorria e se despedia quando saía.

Não aconteceu rápido, mas, com o tempo, Kevin começou a reagir à mudança de atitude do pai.

Linda não pôde deixar de notar e perguntou:

– O que está acontecendo com o meu antigo "senhor zangado"?

Michael riu.

Linda começou a pensar se haveria algum jeito de aplicar a perspectiva dos picos e vales em seu trabalho.

A escola em que trabalhava havia acabado de sofrer mais um corte no orçamento e os tempos estavam difíceis.

Um dia, ela contou a história dos picos e vales a uma amiga professora, que teve uma ideia: Por que não ensinar essa técnica aos alunos?

As duas começaram formando grupos de estudo sobre picos e vales e se reunindo com os alunos depois das aulas para ajudá-los a enfrentar suas dificuldades e aproveitar ao máximo os bons momentos de cada um.

Em pouco tempo a perspectiva dos picos e vales estava mudando a vida de muitas das crianças – e de muitos professores também. Ela se espalhou por outras escolas, e Linda foi escolhida para ficar à frente do programa.

Linda adorava conversar com Michael sobre o assunto. Certa noite, foram comemorar jantando no mesmo pequeno café onde Michael tinha ouvido falar de picos e vales pela primeira vez, na conversa com Ann Carr.

Os dois sabiam que a vida e o trabalho haviam melhorado, mas eram bastante realistas para saber que poderia perfeitamente ocorrer algum momento ruim pela frente.

Porém, também sabiam que agora contavam com alguns princípios especiais e meios práticos para ajudá-los a fazer com que os momentos bons e ruins tivessem impacto positivo sobre sua vida.

E se sentiram muito bem ao saberem que teriam muitas outras oportunidades para compartilhá-los com outras pessoas.

Sobre o autor

Spencer Johnson é um dos pensadores mais respeitados e um dos autores mais amados do mundo.

Entre seus 11 best sellers internacionais incluem-se os títulos *Quem mexeu no meu queijo?*, o livro sobre mudança mais lido no mundo, e *O gerente minuto*, o método de gerência de maior sucesso há mais de duas décadas, escrito em coautoria com Kenneth Blanchard.

É comum ouvir falar do dr. Johnson como "o melhor na arte de tomar assuntos complexos e apresentar soluções simples, que funcionam".

Bacharel em psicologia pela Universidade do Sul da Califórnia e médico formado pelo Royal College of Surgeons, fez residência na Mayo Clinic e na Harvard Medical School.

Foi Leadership Fellow da Harvard Business School e atualmente é conselheiro do Center for Public Leadership da John F. Kennedy School of Government, de Harvard.

Seu trabalho tem chamado a atenção da grande mídia, incluindo a Associated Press, a BBC, a CNN, a *Fortune*, o *New York Times*, o *Today Show*, a revista *Time*, o *USA Today* e a United Press International.

Mais de 46 milhões de exemplares dos livros de Spencer Johnson foram impressos no mundo inteiro, em mais de 47 idiomas.

P/cos
e
Vales

APROVEITE OS MOMENTOS BONS E RUINS EM
SEU TRABALHO E EM SUA VIDA

Princípios-chave

PARA ADMINISTRAR SEUS MOMENTOS BONS E RUINS:

Faça da realidade sua amiga

Se estiver temporariamente num pico ou num vale, pergunte-se:

Qual é a verdade nesta situação?

PARA SAIR MAIS RAPIDAMENTE DE UM VALE:

Identifique e aproveite o bem oculto num momento ruim

Relaxe e reconheça que os vales têm fim. Faça o oposto daquilo que o pôs no vale. Não seja tão centrado em si mesmo: seja mais útil no trabalho e mais amoroso na vida pessoal. Evite comparações. Descubra o bem que jaz oculto no momento ruim e aproveite-o sem demora em benefício próprio.

PARA PERMANECER MAIS TEMPO NUM PICO:

Valorize e administre seus momentos bons com sabedoria

Seja humilde e agradecido. Continue fazendo as coisas que o levaram até lá. Continue fazendo tudo cada vez melhor. Faça mais pelos outros. Poupe recursos para os vales que estão por vir.

PARA CHEGAR A SEU PRÓXIMO PICO:

Siga sua visão sensível

Imagine-se gozando de um futuro melhor em detalhes tão específicos e verossímeis que em breve terá prazer em *fazer* o que for preciso para chegar lá.

PARA AJUDAR AS PESSOAS:

Conte isso aos outros!

Ajude as pessoas a fazer os momentos bons e ruins trabalharem para elas também.

Este livro foi composto na tipologia Adobe Caslon Pro,
em corpo 13/16.3 e impresso em papel Pólen Soft 80g/m²
na Gráfica Santa Marta.